William Wallace Denslow

Fünf Schweinchen

Nach der 1903 bei M. A. Donohue & Co. Publishers,
Chicago, erschienenen Sammlung
«Denslow's One Ring Circus and Other Stories»

Deutsch von Wolfgang von Polentz

Erschienen in der
Amalienpresse

ies

kleine

Schwein

ging

zum

Markte.

Dies

kleine

Schwein

blieb

zu

Haus.

Dies

kleine

Schwein

kriegte

Braten.

Dies kleine Schwein

fing zu weinen an,

weil es

den Heimweg

nicht finden kann.

Denslows ABC-Buch

Die Deutsche Nationalbibliothek verzeichnet diese
Publikation in der Deutschen Nationalbibliografie;
detaillierte bibliografische Daten sind im Internet
über http://dnb.d-nb.de abrufbar.

© Amalienpresse Wolfgang von Polentz 2014
Amalienpark 6, 13187 Berlin
www.amalienpresse.de
kontakt@amalienpresse.de
2. Auflage 2014
ISBN 978-3-939904-20-5
Gesetzt aus der Windsor und Bernard MT

Mit dem zwanzigsten Buch auf ihrer Erscheinungsliste
dankt die Amalienpresse Udo Matthias Wilke,
ohne den kein einziges so schön geworden wäre,
wie sie alle sind.

Druck und Bindung BoD Norderstedt
Printed in Germany

William Wallace Denslow

Das ABC-Buch

Nach der 1903 bei M. A. Donohue & Co. Publishers,
Chicago, erschienenen Sammlung
«Denslow's One Ring Circus and Other Stories»

Deutsch von Wolfgang von Polentz

Erschienen in der
Amalienpresse

A ist der APFEL
hoch droben im Baum.
Leider bin ich zu klein
und erreiche ihn kaum.

B ist der BÄR,
glänzend schwarz und voll Kraft.
Nach langer Dressur
hat er Kopfstand geschafft.

a **A** is for Apples that grow on high trees,
Don't I wish I were tall
and could reach them with ease.

b **B** is the Bear who's
as black as he's bold,
He will stand on his head
if he's properly told.

CAT ist der KATER.
Er streift durch die Nacht.
Hör zu, wie er jault:
«Nehmt euch vor mir in Acht!»

DOG ist der HUND,
der beschützt unser Haus.
Sieht mit Halsband und Stock
wie ein Wachsoldat aus.

C c is the Cat, roaming 'round
in the night,
How he shrieks in his anger,
"Come on, and let's fight."

D d is the Dog that is
watching my yard,
He looks like
a soldier who's
standing on guard.

ELEFANT steht beim **E**,
und der Rüssel allein
muss ihm Nase und Arm
und Brauseschlauch sein.

F sind die FEEN,
wie die Luft leicht und sacht.
Sie begießen die Blumen
mit Tau in der Nacht.

Ee is the Elephant
  whose trunk is his nose,
His arms, and his hands,
  and his sprinkling hose.

Ff are the Fairies
  so airy and light,
Who water the flowers
  with dew in the night.

G ist die GEIß

mit Hörnern und Bart.

Wenn du nicht aufpasst,

dann stößt sie dich hart.

HORSE ist ein PFERDCHEN.

Sein Stall ist das Meer.

Es reitet vergnügt

auf dem Schwänzchen daher.

I – ein INSEKT,

das dir naht sehr gefährlich.

Doch für Blumen und Obst

ist es ganz unentbehrlich.

G g is the Goat who is always called Billy, For his beard is so long and he looks very silly.

H h is the Horse that once lived in the sea; Now he wiggles his tail, for he's chuck full of glee.

I i is for Insect whose bite is quite hot, When he lights on your leg, where the stock-ings are not.

JAY ist der HÄHER
im bunten Gefieder.
Er stiehlt dir die Kirschen
und bringt keine wieder.

KITE ist der DRACHEN.
Er fliegt himmelhoch.
Hältst du gut fest,
kriegst zurück du ihn noch.

J j are the Jays with their coats
of deep blue,
Who steal all the cherries
and leave none for you.

K is the Kite that you fly
in the sky,
And wonder how ever it goes
up so high.

13

Der **L**EADER, der immer
LÖSUNGEN findet,
macht vor, wie man Pfosten
und Zaun überwindet.

Der **M**ONKEY im Sattel
hat sich nicht mal verrenkt.
Sein AFFEN-Arm tritt,
und sein AFFEN-Fuß lenkt.

L is the Leader
who clears with a bound
All the posts,
and the fences
that you go around.

M is the Monkey
who rides on a bike,
And uses his hands,
and his feet
just alike.

N ist der NABOB,
dem fürstlich es geht.
Doch packt ihn die Wut,
kommt das Frühstück zu spät.

OWL ist die EULE
mit riesigen Augen,
die zur Mäusejagd nachts
in der Finsternis taugen.

Im Herbst leuchten
PUMPKINS golden und dick.
Man schnitzt sie zu KÜRBIS-
Laternen geschickt.

N is the Nabob
who lives in great state,
Who is very
much vexed
when his supper
is late.

O o is the Owl who thinks he is wise,
Because he was given
such very big eyes.

P p are the Pumpkins
as yellow as gold,
That make Jack-o'-lanterns
so funny and bold.

QUÄLGEISTER-FRAGEN

sind Fragen, die stören.
Es will sie darum
so oft keiner hören.

Das **R**HINOZEROS wackelt
beim Landgang einher,
dickfellig, langsam
und fürchterlich schwer.

Q are the Questions
you ask of your Pa,
When he tells you,
"Don't bother, but
go ask your Ma."

Qq

R

r is Rhinoceros, always on show,
Who is haughty and lazy
and awfully slow.

Die **S**CHEUCHE soll sorgen
für SCHRECKEN und Graus.
Die Vögel sind SCHLAUER
und lachen sie aus.

TIN ist das BLECH,
woraus Spielzeug man macht.
So mancher hat damit
schon Wunder vollbracht.

S is the
Scarecrow
who lives
in the corn,
That the crows
think so foolish
they laugh him to scorn.

T is the Tin
that they make into toys,
That walk by themselves
and puzzle
small boys.

Us meint UNS SELBST,
wie wir sausen hinab,
umfahren dabei UNSERN OPA
ganz knapp.

VIOL ist der BASS,
den der Musikus streicht,
bis er den Esel
zum Singen erweicht.

U is for Us when we
slide down the hill
So fast that we frighten
our big
Uncle Bill.

V is the Viol
on which the man saws,
'Till it grumbles and sounds
like a donkey's hee-haws.

W ist das WALROSS,

das tüchtig trainiert.

Man hat es zum Champion

der See nominiert.

Hörst du, wie herrlich

das XYLOPHON klingt,

wenn der Clown am Trapez

durch die Lüfte sich schwingt?

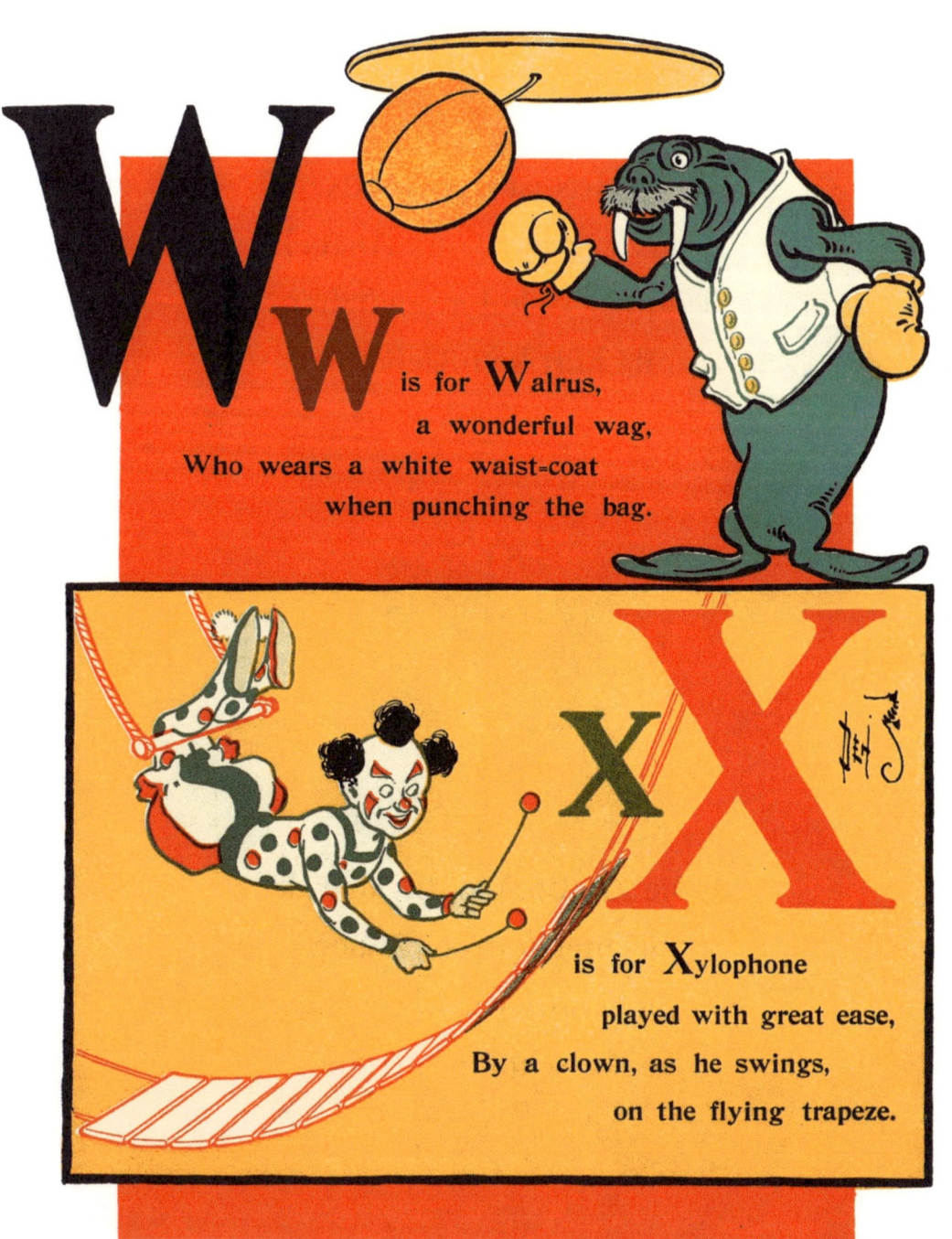

Wis for **W**alrus,
a wonderful wag,
Who wears a white waist=coat
when punching the bag.

Xis for **X**ylophone
played with great ease,
By a clown, as he swings,
on the flying trapeze.

YARN ist das GARN.
Oma wickelt's zum Knäuel.
Und der Enkel muss halten,
da hilft kein Geheul.

Die ZEBRAS, die überall
Schmucktattoos haben,
die könnten auch prima
als Kutschpferde traben.

Yy

is the Yarn
that is held
by our Bob,
While Grandma unwinds it,
a delicate job.

Zz

is for Zebra
with stripes on his back,
How fine he would look
were he hitched to a hack.